www.ingramcontent.com/pod-product-compliance
Lightning Source LLC
Chambersburg PA
CBHW060359190526
45169CB00002B/665
* 9 7 8 1 5 3 3 4 3 6 1 0 8 *